CASSANDRE MALADE,

COMÉDIE-PARADE,

EN UN ACTE ET EN PROSE,

MÊLÉE DE VAUDEVILLES.

Représentée sur Théâtre de la Cité, en Prairial an XIII (1805.)

Par M. HENRION.

A PARIS,

Chez ALLUT, Imprimeur-Libraire, Collége Bayeu, rue de la Harpe, n° 477, près celle de l'Ecole-de-Médecine.

1805.

PERSONNAGES.

CASSANDRE.
ARLEQUIN.
GILLES.
COLOMBINE.

La Scène se passe chez Cassandre.

CASSANDRE MALADE.

Le Théâtre représente un Salon.

SCENE PREMIÈRE.

GILLES, ARLEQUIN, *déguisé en médecin.*

GILLES.

Vous dites donc, monsieur le docteur, que je parviendrai à guérir M. Cassandre, en prenant à sa place tous les médicamens que vous lui donnez.

ARLEQUIN.

Rien n'est plus sûr.... C'est le secret de la médecine transplantative, dans laquelle j'ai de grandes connoissances.

GILLES.

Mais que je suis heureux de vous avoir rencontré!...

ARLEQUIN.

Oh! je vous en assure!...

GILLES.

M. Cassandre ne veut me donner la main de Colombine sa fille, que lorsque sa santé sera entièrement revenue.

ARLEQUIN.

Et c'est pour hâter ce fortuné moment que vous avez consenti à vous traiter pour lui.

GILLES.

Parceque vous m'assurez que c'est le seul moyen de lui ôter son mal.

ARLEQUIN.

Et de hâter votre noce... C'est bien là ce qui vous fait agir.

GILLES.

Savez-vous, monsieur le docteur, que vous êtes fièrement savant.. et qu'il y a peu de médecins de votre trempe...

ARLEQUIN.

C'est bien vrai, ça : il y a une grande différence entre moi et mes confrères.

AIR : *Vaudeville de Florian.*

Apprenez de nos médecins
Quelle est la science profonde,
En disposant de nos destins,
Ils sont cités dans l'autre monde;
Ils sont fameux par leur travaux,
A leur ordonnance tout cède;
Ceux qui guériraient de leurs maux,
N'échappent pas à leur remède.

GILLES.

Il n'en est pas de même avec vous.... M. Cassandre, lui, échappera au mal et au remède.

ARLEQUIN.

Grace à mon art (*à part.*) et à ta bêtise.

GILLES.

Croyez-vous que j'en aye encore pour longtems avant de le guérir.

ARLEQUIN.

Plus à présent. . . . . . Encore six mois environ.

GILLES.

Six mois!... j'aime mieux renoncer à la main de Colombine.

ARLEQUIN, (*à part.*)

C'est, parbleu ! bien où je veux t'amener. (*Haut.*) Quand je dis six mois, c'est peut-être bien un an, ce n'est pas toujours sûr. D'ailleurs je vous apporte aujourd'hui un petit paquet de pilules que vous allez prendre, et qui changera votre situation en vingt-quatre heures.

GILLES.

A la bonne heure. (*Il prend le paquet.*) Je rentre dans ma chambre pour les avaler. (*Il sort.*)

SCENE II.

ARLEQUIN, *seul.*

AVALE. . . . . Avale. . . . . pauvre Gilles! . . Comme l'amour l'a rendu bête. . . . . Il a bien fait de moi un médecin.

AIR : *C'est en vain qu'on blâme. (du Chap. sec.)*

Pour ma Colombine
J'emprunte la mine
D'un grave docteur ;
Pourtant ce n'est guère
Par ce ministère
Que l'on prend un cœur;
L'Amour, au contraire,
Fuit le front sévère
De l'homme savant,
Il va sur les traces
De l'esprit, des graces
Et du sentiment.

Je ne puis prétendre
A toucher Cassandre ;
Que par mon habit;
Mais pour ma maîtresse
Ma seule tendresse
Toujours lui suffit.

Pour ma Colombine, etc.

SCENE III.

ARLEQUIN, COLOMBINE.

BONNE nouvelle, mon ami, mon père croit de plus en plus à ta science.

ARLEQUIN.

Et sa santé, comment va-t elle ?

COLOMBINE.

Il se trouve mieux. . . . Mais hélas! qu'elle cruelle alternative, tu sais qu'à sa guérison parfaite je dois épouser Gilles.

AIR : *j'ai vu partout.*

Mon sort est peu digne d'envie,
Je dois vivre parmi les maux,

De mon père, la maladie
Conserve à mon cœur le repos;
Avec l'amant le plus maussade
S'il guérit, je forme un lien. . .
C'est mon cœur qui sera malade
Si mon père se porte bien.

ARLEQUIN.

Tout ce qu'on lui donnait à prendre jusqu'à ce jour ne changeait rien à sa situation : on m'instruit de cela; je me fais passer pour le docteur Galini, arrivant du nord de l'Allemagne, et allant à Maroc pour être le médecin, de la reine; tu me secondes dans mon entreprise; les gens qui ne me connaissent pas, vantent mon talent, parceque je suis étranger et que je porte un nom dont la terminaison n'est point commune à Paris; je te vois, mon amour augmente et mon genie va me procurer les moyens de guérir Cassandre, en jouant un tour plaisant à mon rival.

COLOMBINE.

Tous deux sont ravis du service que tu leur rends.

ARLEQUIN.

Je persuade Gilles qu'il peut guérir Cassandre en prenant les remèdes que je lui donne; de son côté, ton père est enchanté de trouver un nigaud qui boive ses potions à sa place.

COLOMBINE.

Il est si persuadé de ton savoir, qu'il trouve que les drogues que prend Gilles, lui font du bien.

ARLEQUIN.

Ce n'est pas ce que prend Gilles qui lui fait du bien; ce sont les drogues qu'il ne prend plus qui ne lui font pas de mal. . . . Parlant de drogues, je viens de jouer un fier tour à Gilles; va, je lui ai fait prendre des pilules, qui vont l'enfler comme un tonneau!

COLOMBINE.

Mais es-tu bien certain que cela ne lui fera aucun mal ?

ARLEQUIN.

Sans cela je ne l'eusse point fait.

COLOMBINE.

Je voudrais bien savoir à quoi tout cela te mènera?

ARLEQUIN.

A t'épouser.

COLOMBINE.

Dis moi comment?

ARLEQUIN.

Je ne le puis dans ce moment, car j'entends ton père, et comme il sait que ce n'est pas l'heure de ma visite, je me sauve pour ne lui donner aucun soupçon. (*Il sort.*)

SCÈNE IV.

COLOMBINE, CASSANDRE.

CASSANDRE.

MA foi, vive le docteur Galini ! Depuis que je suis entre ses mains, ou plutôt que Gilles y est, je sens ma santé renaître chaque jour.

COLOMBINE.

C'est un homme bien habile, mon père.

CASSANDRE.

Il restera ici pour ton mariage.

COLOMBINE.

Je l'espère bien.

CASSANDRE.

Comme Gilles sera content ! . . . . Aussi il l'aura bien mérité ; depuis qu'il prend tant de choses pour moi, je me porte comme un jeune adolescent.

AIR : *de Sophie.*

Conviens que Gille est bon garçon:
De m ôter le mal que j'endure.
Tous les jours pour ton pied mignon
De manne il prend une mesure ;

Pour ta bouche et tes longs cheveux ;
De Jalap il boit une pinte.
C'est pour la douceur de tes yeux,
Que je le regorge d'absinthe.

COLOMBINE.

AIR : *Cet arbre apporté de Provence.*

J'aime à voir Gilles, de mon père,
Ici rétablir la santé :
Mais faut-il, par un soin contraire,
Que j'en perde la liberté ?
Lorsque cet amant me chagrine,
Je serais heureuse en ce jour,
Si tout l'art de la Médecine
Le guérissait de son amour.

CASSANDRE.

Le voici, ce cher garçon !.... ah, mon dieu ! comme il est enflé !....

SCENE V.

CASSANDRE, COLOMBINE, GILLES.

GILLES.

Ah ! là, là, ... comme c'est cruel ! .. Les maudites pilules. . . . Mais voyez donc, monsieur Cassandre, dans quel état votre coquin de docteur m'a mis.

COLOMBINE.

Il est effroyable ! . .

CASSANDRE.

Ce n'est rien, mon ami.

GILLES.

Mes habits me sont devenus trop étroits.

CASSANDRE.

Comme je suis heureux ! . . . . . Je serais pourtant comme cela, s'il ne se droguait pas à ma place.

GILLES.

Me voila tout-à-fait changé, on me fera payer pour deux partout où j'irai à présent.

CASSANDRE.

C'est assez juste : il y a dejà long-temps que tu manges comme quatre.

COLOMBINE.

Cela vous donne un air d'importance, monsieur Gilles.

CASSANDRE.

Toujours des querelles. ... Vous ne pouvez donc pas vivre d'accord ?

COLOMBINE.

Puisque vous voulez en faire mon mari.

GILLES.

Vous l'entendez. beau-père, voilà un échantillon de sa tendresse conjugale.

CASSANDRE.

Que veux-tu, mon ami ; c'est la mode aujourd'hui, on est instruit de ce que c'est qu'un mariage.

AIR : *De la piété filiale.*

Mes chers enfans, dans ce lien
Vous appercevez à la ronde,
L'enfant qui crie, et la femme qui gronde
Lorsque l époux gémit et ne dit rien.
Cette union par fois fatale,
De nos beaux jours est le tombeau... ;
Mariez-vous, je vous fais le tableau
De la tendresse conjugale.

COLOMBINE.

Pour moi je crois que ce lien
Fait le bonheur de tout le monde,
L'enfant caresse, et l'époux nous seconde :
Quand on est deux, rien n'est mal, tout est bien.
Oui, cette union sans égale,
De nos beaux jours est le berceau.
Mariez vous, je vous fais le tableau
De la tendresse conjugale,

GILLES.

Malgré tout ce que vous avez dit, monsieur Cassandre, je ne me decourage pas, et je voudrais bien savoir à quel jour vous fixez la nuit de mes noces.

CASSANDRE.

Je te l'ai déjà dit, mon ami, ce sera quand je serai entièrement guéri.

GILLES.

J'espère que cela ne va pas tarder; je me porte assez mal pour que vous alliez mieux.

COLOMBINE.

Jolie manière de faire votre cour...... Je ne veux pour mari qu'un homme bien portant.

CASSANDRE.

AIR : *Si Pauline est dans l'indigence.*

Non, Gilles n'est pas si malade,
Colombine, que tu le crois,
Car lorsqu'il boit, il boit rasade,
Et recommence plusieurs fois.
Cet homme est un convive aimable
Que le Champagne rend joyeux,
Et quand je l'invite à ma table,
Il prend de tous les plats pour deux.

GILLES.

Ce n'est pas surprenant, votre émétique m'a donné une frigaune que je ne guérirai jamais.

CASSANDRE.

Colombine, tu pourras lui donner de l'eau de poulet pour le soutenir un peu.

GILLES.

Si c'était un effet de votre part de me donner le poulet avec.

CASSANDRE.

Je demanderai à M. Galini, si cela se peut... Diable! .... il n'arrive pas... et pourtant j'ai mal au pied et j'ai un œil dont je n'y vois presque plus.

GILLES.

Ah! mon dieu! je vais encore devenir boiteux et borgne.

COLOMBINE.

Mon père, voici le docteur.

SCENE VI.

COLOMBINE, ARLEQUIN, *en Médecin*, GILLES, CASSANDRE.

ARLEQUIN.

J'ETAIS inquiet de votre santé, monsieur Cassandre, .. et j'ai laissé deux ou trois malades afin de ne pas vous négliger.

CASSANDRE.

Ah! cher docteur! que d'obligations ne vous ai-je pas!. je ne saurai jamais comment reconnaître....

ARLEQUIN.

Laissez-donc, vous vous moquez.. voyons votre pouls.

CASSANDRE.

Je le crois tranquille. (*Arlequin tâte le pouls à Gilles*).

GILLES.

Finissez donc, vous me pincez....

ARLEQUIN.

Oui, oui, cela commence à aller mieux.

CASSANDRE.

Mais beaucoup mieux : lorsque ma jambe sera guérie, je pourrai marcher! et quand je n'aurai plus mal à l'oeil, j'y verrai bien.

ARLEQUIN.

Je ne suis venu que pour vous panser ces deux endroits.

GILLES, *inquiet*.

Qu'est-ce qu'il va encore me faire ?

CASSANDRE.

Quand on est borgne et boiteux, on n'est pas à son aise.

ARLEQUIN.

AIR : *De Molière à Lyon.*

Le céleste Olympe, pourtant,
Nousoffre un exemple contraire,
Parmi les dieux qu'on vante tant,
Le destin sut en contrefaire;
Pour ressembler à plusieurs dieux,
Cassandre, vous prenez la route,
Puisque Vulcain était boiteux,
Et que l'Amour n'y voyait goutte.

CASSANDRE.

Dans ma situation on s'inquiète bien à qui on ressemble: .... pourvu que la santé me revienne.

ARLEQUIN.

Mais dans peu vous serez droit comme un orme, vous serez vert comme un chêne, et vous vous porterez comme un charme.

CASSANDRE.

Vous me faites là une forêt de complimens.

GILLES.

S'il fait des forêts, je ne m'étonne plus qu'il me débite tant de fagots.

CASSANDRE.

Vous repondez donc de moi à présent.

ARLEQUIN.

Si j'en réponds... j'ai fait bien d'autres cures plus étonnantes.

AIR : *Du partage de la richesse.*

J'ai guéri de son avarice
Un vieux et jaloux procureur;
Du mensonge et de l'artifice
J'ai guéri le Normand plaideur.
C'est par ma science parfaite
Que tous les maux fuient devant moi;
Pourtant je n'ai d'une coquette
Pu guérir la trompeuse foi.

Tous ces malades-là, je le parie, n'étaient pas si dociles que moi.

GILLES.

Je le crois bien, ils n'avaient pas un patient qui souffrait à leur place.

CASSANDRE.

Vous allez commencer par mon œil.

ARLEQUIN.

J'ai précisement apporté avec moi un cataplasme de chaux vive....

GILLES.

De chaux vive!.. Oh!.. oh!.. oh!..

ARLEQUIN, *à Gilles en l'asseyant sur un fauteuil.*

Mettez-vous là.

GILLES.

Cela finira-t-il bientôt?

ARLEQUIN.

Dans un petit quart d'heure.... Il faut bien donner le temps nécessaire à l'opération.

CASSANDRE.

Allons, allons, mon ami, pas tant de façons.

GILLES.

Ça vous est bien aisé de dire, à vous, monsieur Cassandre... je voudrais vous voir à ma place.

ARLEQUIN, *lui mettant un large bandeau noir.*

De quoi te plains-tu, tu ressembles maintenant à l'Amour comme deux gouttes d'eau.

GILLES.

Je voudrais bien ne l'avoir jamais connu.

CASSANDRE.

Encore mon pied, et ce sera fini.

GILLES.

Me voilà avec des béquilles!.....

ARLEQUIN.

Je sais où est le calus..... C'est une fausse

entorse; avec l'emplâtre de térébenthine que j'ai apportée, vous en guérirez dans trois jours, ou il faudra vous couper la jambe.

GILLES.

Aye! Aye! Aye...... je n'y consentirai jamais.

ARLEQUIN, *en parlant de Gilles, et en lui empaquetant la jambe.*

Tenez le bien, que je l'arrange comme il faut... Prenez garde qu'il ne me morde.

GILLES.

Est-ce qu'il me croit un enragé à présent?

ARLEQUIN.

Tout ça tient bien.

GILLES.

Je veux me débarrasser de ces vilaines drogues.

CASSANDRE.

Garde-t-en bien, autrement tu n'épouserais pas Colombine.

GILLES.

Maudit mariage!

COLOMBINE

Vous l'entendez, mon père, il dit dejà du mal de moi.

CASSANDRE.

Allons, c'est bon. Vous me rompez la téte tous les deux.

COLOMBINE.

Mais je n'ai rien dit depuis une heure.

ARLEQUIN.

Monsieur Cassandre, je vais faire d'autres visites où je suis attendu; je reviendrai sous peu de temps voir l'effet qu'auront produit mes deux remèdes.

CASSANDRE.

Soyez promptement de retour, mon cher

docteur, je vous prie, car j'ai un grand mal de dents.

CASSANDRE.

A ce soir, je vous en délivrerai. (*Il sort.*)

SCENE VII.

CASSANDRE. COLOMBINE, GILLES.

GILLES.

VOYEZ dans quel état je suis.

CASSANDRE.

Dans l'état d'un homme qui garde la chambre.

GILLES.

Vous parlez comme un homme sans pitié.

COLOMBINE.

Et vous comme un homme sans amour.

GILLES.

Ça vous est bien facile à dire, vous qui ne souffrez pas.

CASSANDRE.

En visage comme tu te porteras bien après toutes ces épreuves, car il est impossible qu'en prenant tant de choses pour me guérir, tu ne te guérisses pas aussi.

GILLES.

J'espère que pour me récompenser de ce que j'aurai souffert, vous nous commanderez un bien beau repas de noce.

CASSANDRE.

Je ne suis pas du tout d'avis de faire une noce... non-seulement cela coûte de l'argent, mais.......

AIR : *Amusez-vous, jeunes fillettes.*

A quoi bon pour le mariage
Tous ces repas, tous ces apprêts ;
Faire une noce n'est pas sage,
On en a souvent des regrets ;
Toujours d'une fille docile
La noce alarme la pudeur,
Au plaisir elle est inutile,
Elle est étrangère au bonheur.

GILLES.

Comme cela nous n'en ferons pas..... Pourtant, je voudrais bien quelques petits amusemens pour me dédommager de mes longues privations.

CASSANDRE.

Vous ne me parlez jamais que de vos sacrifices.

GILLES.

J'en parlerais moins, si Colombine à son tour en faisait d'avantage pour moi.

AIR : *La comédie est un miroir.*

Malgré les maux que je ressens,
Malgré la peine que j'endure,
Je pourrais dans bien peu de temps
Reprendre une bonne figure,
Si pour me guérir en ce jour
Colombine, sans artifice,
Me faisait sur l'autel d'Amour
De son cœur le doux sacrifice.

COLOMBINE.

Vous ne suivez pas la route commune, monsieur Gilles, vous parlez de vivre pour moi, quand les amans à la mode jurent sans cesse qu'ils vont mourir pour nous.

CASSANDRE.

Quelle singulière manie les jeunes gens ont pris là !

AIR : *Vaud. de l'Avare et son ami.*

Pour exprimer leur doux martyre
Le discours n'est plus assez fort ;
Ces messieurs vont dans leur délire
Jusques à se donner la mort.
Je ris de ces complimens fades,
Vos pieds, vos yeux les font mourir.

COLOMBINE.

Je n'ai jamais voulu guérir
Ceux que je rends ainsi malades.

CASSANDRE.

Tu as bien raison, ma Colombine;

COLOMBINE.

C'est que je connais les hommes, et que j'ai des principes : avec cela je saurai me garantir des piéges qu'on nous tend ; un amant a beau dire que je suis jolie, qu'il meurt pour moi.

AIR : *Vaud. de l'Opéra-comique.*

De ces propos qu'on tient partout
Jamais je n'ai lieu de me plaindre :
Autant par raison que par goût
J'évite l'amant qui veut feindre :
Son martyre est toujours si doux
Qu'il n'éveille jamais le nôtre ;
Et tous ceux qui meurent pour nous
Vont vivre pour une autre.

CASSANDRE.

Ces sentimens, ma fille, sont le fruit de ton éducation.

GILLES.

Qu'est-ce que vous chantez donc là ?... Ce n'est pas cela qu'il faut lui dire.

COLOMBINE.

Qu'il me parle de vous, peut-être ?....

CASSANDRE.

C'est à toi de faire ta cour... tâche de lui plaire. Quant à moi, je rentre dans mon appartement en attendant la seconde visite du docteur.

(*Il sort.*)

SCENE XV.

GILLES, COLOMBINE.

GILLES.

AH ! ça, mademoiselle, à présent que monsieur Cassandre n'y est plus, je voudrais bien que vous me disiez quand vous commencerez à m'aimer.

COLOMBINE.

Je ne vous aimerai jamais ; mais je vous détesterai un peu moins quand vous ne m'aimerez plus du tout.

GILLES.

Je n'aspire qu'au bonheur d'obtenir votre main.

COLOMBINE.

Si c'est sur votre visage, elle est à votre service.

GILLES.

Mais d'où vient que vous me traitez de la sorte?

COLOMBINE.

Je n'ai pas le temps de vous répondre, il faut que je vous quitte.... j'entends mon père qui m'appelle.

GILLES.

Laissez donc, c'est une ruse pour me laisser seul.

COLOMBINE, *à la cantonnade.*

N'est-ce pas, mon père, que vous m'appelez?.. J'y vais.... (*Elle sort.*)

SCENE IX.

GILLES *seul.*

Il ne faut pas croire que je m'épouvante de tout ce qu'elle me dit : on sait bien que les femmes cachent toujours leurs sentimens par bienséance.. et je sais qu'au fond Colombine m'adore, quoiqu'elle n'ose pas m'en faire l'aveu.... il est peu de femmes qui m'aient résisté.

AIR : *Enfant chéri des Dames.*

Amant aimé des belles,
Tous les cœurs sont à moi ;
Je fais des infidèles
Pour vivre sous ma loi.

On s'abandonne à la tendresse,
A mon aspect on sent battre son cœur,
On me chérit, on me caresse,
Chacun me parle avec douceur :
C'est un charme, c'est une ivresse,
J'ai le pouvoir d'un enchanteur.

Me

Ma brillante jeunesse
Mon aimable alégresse
Me conduiront au temple du bonheur.

Amant aimé, etc.

Ma foi, vivent les femmes,
Nargue du repentir,
Je goute auprès des Dames
Toujours nouveau plaisir!
De fleurs fraîches écloses
Je veux ceindre mon front,
Et coucher sur des roses,
Dans l'arrière-saison.

Oui, oui, amant aimé, etc.

SCENE X.

GILLES, ARLEQUIN, *en médecin.*

ARLEQUIN.

Je reviens m'informer de la santé de monsieur Cassandre.

GILLES.

Il se porte beaucoup mieux que moi, je vous assure.

ARLEQUIN.

Mais, non, non.... tu as bonne mine, Gilles.

GILLES.

Un peu enflée.

ARLEQUIN.

Ça ne sera rien.

GILLES.

C'est que je deviens malade pour tout de bon.

ARLEQUIN.

Console-toi,.... monsieur Cassandre guérit, on le voit renaître d'heure en heure.....

GILLES.

J'ai un petit arrangement à vous proposer, monsieur le docteur.

ARLEQUIN.

Tu le peux, car je suis fort traitable!

GILLES.

Ce serait de ne point faire vos médecines si fortes, et me mettre du sucre dans tout ce que je prendrai, je n'en dirai rien, et on ne vous paierait pas moins cher.

ARLEQUIN.

Je ne ferai jamais cela.

AIR : *Un jour Guillot trouva Lisette.*

Gilles, j'ai trop de conscience
Pour me prêter à te servir,
Si je changeais mon ordonnance,
Cassandre viendrait à mourir.

GILLES.

Combien l'avenir me chagrine!
Voyez mon effroyable mine,
Ayez pour moi de la bonté;
Altérez plus la médecine,
Pour moins altérer ma santé.

ARLEQUIN.

Taisons-nous, voici mon malade et son aimable fille.

GILLES.

C'est-à-dire, ma future.

SCENE XI *et dernière.*

CASSANDRE, COLOMBINE, ARLEQUIN, GILLES.

CASSANDRE.

MA foi, docteur, vous faites bien d'arriver, car j'allais vous envoyer chercher, vous m'avez guéri de tant de maux.

GILLES.

Je les endure encore....

CASSANDRE.

Qu'il faut que vous acheviez de me rétablir.

ARLEQUIN.

C'est bien mon envie.

CASSANDRE, *à Gilles.*

Comme tu seras joyeux, Gilles, après ce tems-là !

GILLES.

Je pourrai bien mourir avant.

ARLEQUIN, *à Cassandre.*

Ce cataplasme dont je suis l'inventeur vous a-t-il soulagé.... votre œil ?

CASSANDRE.

J'y vois parfaitement à présent, ce que vous m'y avez mis m'a fait le plus grand bien.

GILLES.

Un cataplasme de chaux-vive! qui me fait bien souffrir le martyre... Il y a bien de quoi se flatter de la découverte, ça fait une jolie recette!...

CASSANDRE.

Docteur, je crois que j'ai un peu de migraine...

GILLES.

Le diable l'étouffe!...

ARLEQUIN.

Ce n'est rien : avec une seule saignée nous la ferons disparaître.

GILLES.

Arrangez-vous comme vous le voudrez, mais je ne veux pas être saigné, je ne suis déjà que trop faible.

COLOMBINE.

Faites-lui grace de la saignée; vous avez à vous occuper de la dent de mon père.

ARLEQUIN.

Voyons que je la visite. (*A Gilles.*) Assieds-toi là, mon ami.

GILLES.

Est-ce que vous faites le métier d'arracheur de dents, à présent ?

ARLEQUIN.

Allons, ne raisonne pas tant. (*Il lui touche la dent.*) elle est gâtée.

GILLES.

Gâtée ou non, je veux la conserver.

ARLEQUIN.

Monsieur Cassandre, consentez-vous à ce que je vous l'arrache?

CASSANDRE.

Certainement que j'y consens.

GILLES.

Oui, mais je n'y consens pas, moi... il est temps que tout cela finisse.

CASSANDRE.

Gilles, je n'ai plus que ce mal-là... je me porterai bien après, laisse-toi faire...

GILLES.

Non, je ne consentirai jamais à me voir arracher une dent.

ARLEQUIN.

Mais Cassandre peut en mourir.

GILLES.

Qu'il meure, ça m'est égal...

COLOMBINE.

Vous l'entendez, mon père.

CASSANDRE.

Ah! le mauvais cœur!... Comment, monsieur, cela vous serait indifférent de me voir mourir.

GILLES.

J'en serais bien aise, même.

CASSANDRE.

Ah! le serpent!.... et j'allais lui donner ma fille.

GILLES.

Vous me mettez dans un bel état, pour l'épouser.

ARLEQUIN.

Qu'est-ce qu'une dent de plus ou de moins... D'ailleurs à votre âge elle pourra repousser.

GILLES.

Il ne m'en manque aucune, et elles sont belles.

ARLEQUIN.

AIR : *Du pas redoublé.*

Je remarque parmi les dents
Dont ta bouche est garnie,
Celle qui ne vient qu'aux méchans ;
C'est la dent de l'envie.
Quoique ta bouche est belle à voir,
Et d'une grande espèce ;
Tu sera longtems sans avoir
La dent de la sagesse.

CASSANDRE.

Ah! çà, décidément, voulez-vous qu'on vous l'arrache, oui, ou non.

GILLES.

Non.

CASSANDRE.

Eh bien! vous n'aurez pas ma fille.

ARLEQUIN.

Ecoutez, monsieur Cassandre, croyez-vous que celui qui vous guérirait à la place de Gilles, puisqu'il y renonce, mériterait la main de Colombine, surtout si Colombine y consentait.

CASSANDRE.

Je n'y verrais aucun empêchement : Gilles a un mauvais cœur, il ne mérite pas les bontés que j'avais pour lui.

GILLES.

Quelles énormes bontés!

ARLEQUIN, *ôtant sa robe.*

Il n'est plus temps de feindre... il faut que je me découvre, je suis Arlequin.

CASSANDRE.

Arlequin! que je ne voulais pas voir sans le connaître, d'après tout le mal qu'on m'avait dit de lui.

ARLEQUIN.

Et qui, pour mériter un raccommodement, est allé, afin de vous guérir, passer trois mois à l'Ecole de Médecine.

CASSANDRE.

Que de générosité!

COLOMBINE.

Vous voyez, mon père, qu'il mérite...

CASSANDRE.

Ta main, et je lui donne.

ARLEQUIN.

O jour fortuné!

CASSANDRE.

Quant à Gilles, j'ai appris à le connaître.

GILLES.

Et moi aussi : maintenant se purgera bien qui voudra pour vous.

VAUDEVILLE.

AIR : *Contentons-nous d'une simple bouteille.*

Assez longtemps, j'ai passé pour malade,
Dans cet état, je ne pouvais dîner,
De patience on me versait rasade,
Et le chiendent faisait mon déjeûner :
Enfin j'échappe à votre duperie,
Je reprendrai ma douce liberté :
Le tendre amour causait ma maladie,
En l'oubliant, je reprends la santé.

ARLEQUIN.

Un tendre amant aux genoux d'une belle
Ignore encor quel sera son destin;
Quand à ses vœux il la trouve rebelle
Rien ne peut plus dissiper son chagrin;
Toujours, hélas! par une jeune amie
Notre cœur est heureux ou tourmenté,
Ses froids refus font notre maladie,
Mais les faveurs nous rendent la santé.

COLOMBINE, *au Public.*

Lorsqu'un auteur écrit pour vous distraire,
Il ne sait pas quel sera son destin :
Pourtant Messieurs, il craint moins qu'il espère,
Tel est, hélas! le caractère humain :
Mais un jour vient qu'il tremble, je parie;
Ce soir le nôtre a peur, en vérité;
Sifflet aigu ferait sa maladie,
Joyeux bravo lui rendrait la santé.

FIN.

www.ingramcontent.com/pod-product-compliance
Lightning Source LLC
LaVergne TN
LVHW010253230826
846091LV00007B/2944